Sammlung Franckh

Nils Waegner

Kinder-
tauchschule

Franckh'sche Verlagshandlung
Stuttgart

Umschlag von Ottmar Frick
Umschlagdia und 26 Fotos im Text von Annerose Schatter

Franckh'sche Verlagshandlung, W. Keller & Co., Stuttgart / 1974
LH 9—EI
ISBN 3-440-04139-5 / Printed in Germany / Imprimé en Allemagne
Druck: Johannes Illig, Buch- und Offsetdruck, Göppingen (Württ.)

Kindertauchschule

I. Einleitung

Tauchen macht Spaß!

Für Kinder — ab etwa 3 Jahren — ist es eine Freude, untertauchen zu können, nicht mehr gesehen zu werden, zu entschwinden.

Das Tauchen soll deshalb, wie das Schwimmen, spielerisches Bewegen im und unter Wasser sein.

Dieses Buch ist Anleitung und Hilfe für Eltern und Erzieher, die Kinder mit dem Wasser vertraut machen und ihnen Sicherheit beim Schwimmen und Tauchen geben wollen. Es ist vorteilhaft, wenn das Kind bereits schwimmen kann. Die „Kinderschwimmschule" (ebenfalls im Franckh-Verlag) schafft die Voraussetzungen dafür. Der vorliegende Band schließt inhaltlich daran an und führt die Lektionen und Übungen fort. Wirkung und Erfolg der Lektionen hängt jedoch von Ihnen, den Lehrern, ab. Jede Übung soll gründlich geübt werden, ohne daß das Kind dabei lustlos und unwillig wird. Abwechslung der Übungen, Wiederholung bereits bekannter und beherrschter Lektionen, Spiele und Wettkämpfe lockern die Übungsstunden auf und fördern die Aufmerksamkeit. Am Schluß dieses Bandes sind Vorschläge zur Gestaltung der Übungsstunden. Je nach Auffassung und Lerneifer des Kindes können die Lektionen jedoch auch umgestellt und gekürzt werden. Helfen Sie Ihrem Kind mit Zuspruch, Lob und Aufmunterung, damit der Tauchlehrgang ein Spiel bleibt und das Kind Freude daran hat.

II. Voraussetzungen zum Tauchen

Versuchen Sie vor Beginn der Lektionen herauszufinden, ob Ihr Kind gerne, widerwillig oder überhaupt nicht den Kopf unter Wasser taucht. Fordern Sie deshalb das Kind auf, sich am Beckenrand festzuhalten und unterzutauchen.

Wenn es gerne taucht, lassen Sie die folgenden Hinweise außer acht, die dem Kind die Freude am Tauchen zu geben versuchen, denn Ihr Kind besitzt sie schon.

Sollte Ihr Kind nur widerwillig untertauchen, suchen Sie nach dem Grund. Drei Möglichkeiten bieten sich an:

a: Es hat noch keine Übung und daher noch keine Freude.

b: Es hat Angst auf Grund schlechter Erfahrungen.

c: Gesundheitliche Gründe halten es vom Tauchen ab.

Zu a: Nehmen Sie die Lektionen, die sich ausschließlich mit der Wassergewöhnung befassen, sehr intensiv durch. Den Übergang zu konzentrierten Übungen schieben Sie so lange hinaus, bis das Kind mit dem Wasser vertraut ist und gerne darin spielt. Dann ist es für den Lehrer einfacher, zu schweren Übungen überzugehen, da das Spielen jetzt für das Kind ein wesentlicher Anreiz ist. Deshalb ist auch bei jeder Unterrichtsstunde zuerst die „Pflichtübung" durchzunehmen und anschließend, gewissermaßen als Belohnung, das Spielen.

Zu b: Kaufen Sie dem Kind eine Taucherbrille aus Gummi (keine Metallbeschläge!). Wenn die Benützung einer Taucherbrille im Hallenbad eingeschränkt ist, bitten Sie Ihren Hausarzt um ein entsprechendes Attest (z. B. bei leicht entzündlichen Augen Reizung durch zu starke Chlorung).

Die Taucherbrille soll ausschließlich die Augen schützen, die Nase und den Mund jedoch frei lassen.

Damit das Kind hinter der Taucherbrille die Augen öffnet, legen Sie ihm Dinge auf den Beckenboden, die es gerne sieht (Hartgummibälle, leuchtend farbiges Plastikspielzeug, bunte Ringe). Wenn Sie sicher sind, daß die Augen des Kindes ständig geöffnet sind, nehmen Sie zuerst nur einmal die Brille ab und lassen das Kind wieder nach den bunten

Dingen auf dem Beckenboden Ausschau halten, bzw. danach greifen. Anschließend setzen Sie ihm die Brille sofort wieder auf. Wiederholen Sie dies in immer kürzeren Abständen, jedoch immer nur einmal die Brille abnehmen und nur sehr kurz.

Zu c: Das Kind hat Angst, daß das Tauchen schmerzt — für manche ist es tatsächlich schmerzhaft. In diesem Fall konsultieren Sie Ihren Augenarzt und folgen ausschließlich seinen Anweisungen.

In den meisten Fällen wird es genügen, wenn Sie ausschließlich eine Taucherbrille verwenden. Im Gegensatz zu den unter „b" geschilderten Fällen nehmen Sie diese Brille hier jedoch nicht ab. Das Kind soll sie bei allen Lektionen benützen. Dabei spielt die Form der Brille eine große Rolle:

1. Sie muß dicht anliegen, darf aber nicht drücken.
2. Sie sollte nicht zu groß und schwer sein, damit sie beim Springen nicht verrutscht.
3. Sie muß die Augen gut umschließen (wasserdicht sein), den Mund und die Nase jedoch frei lassen.

Verträgt das Kind den Wasserdruck nicht oder hat es empfindliche Ohren, ist vor dem ersten Tauchunterricht ein Besuch beim Facharzt zu empfehlen.

III. Unterrichtsdauer und Intensität

1. Die Dauer des Tauchunterrichts sollte nicht mehr als
   20 Minuten für 3 — 4¹/₂jährige Kinder und
   30 Minuten für 4¹/₂ — 6jährige Kinder
betragen. Bei diesen Zeitangaben handelt es sich um die gesamte Übungszeit an einem Tag.

2. Die Unterrichtsdauer für eine Lektion sollte 3 — 5 Minuten nicht überschreiten. Zeigt das Kind bei einer Lektion Unlustgefühle oder mangelnde Konzentration (es läßt sich leicht ablenken oder fängt zu spielen an), haben Sie die Unterrichtszeit für eine Lektion überzogen.

3. Allgemein ist es angebracht, in einer Woche nicht mehr als 1 Stunde für die Tauchlektionen aufzuwenden.
Wenn Sie zu oft und zu dicht aufeinanderfolgend Unterricht geben, empfindet das Kind dies als Arbeit und reagiert mit Unlust.

4. Üben Sie mit dem Kind während der Tauchlektion eines Tages nicht mehr als 5 verschiedene Übungen.

5. Entsprechend gilt für die Durchführung einer bestimmten Lektion: nicht mehr als fünfmal hintereinander.

6. Üben Sie jedoch mit dem Kind jede Lektion so gründlich wie möglich. Sie erleichtern dem Kinde nichts, wenn es von jeder Lektion nur die Hälfte beherrscht. Ist eine Lektion für das Kind besonders schwierig, üben Sie sie bei jeder Unterrichtsstunde, bis sie vollkommen beherrscht wird.
Die zeitliche Verteilung kann sich dabei auf mehrere Wochen erstrecken.

IV. Hinweise und Hilfen für den Tauchunterricht

1. Geben Sie dem Kind vor Beginn der Tauchübungen einleuchtende Erklärungen, was am Tauchen so schön ist und was man damit alles anstellen kann.

2. Die größte Hilfe für das Kind ist es, wenn Sie die Übungen vormachen. Der Ansporn ist groß, Ihnen nachzueifern und die Übungen nachzumachen. Versuchen Sie deshalb nach Möglichkeit selbst, Ihre Tauchkenntnisse zu verbessern, da einige Übungen vorwiegend von Ihrer Vorführung abhängen.

3. Bei diesen Tauchlektionen ist es sinnvoll, dem Kind materielle Versprechungen nach den beendeten Lektionen zu machen. Geeignet sind Taucherflossen, Taucherbrille oder Spielzeug, das mit ins Wasser genommen werden kann.
Geben Sie dem Kind die Geschenke jedoch nicht vor dem Unterricht, da sie sonst den wichtigen Anreiz zu erhöhter und beständiger Leistung bei den Tauchlektionen verlieren.

Anmerkung:
Solche Versprechen sind aber erst dann angebracht, wenn Sie merken, daß der Leistungswille des Kindes stagniert.

4. Wählen Sie die Unterrichtszeiten, in denen das Lehrschwimmbecken nicht zu belebt ist. Die geeigneten Unterrichtszeiten sind vormittags zwischen 9 und 11 Uhr und nachmittags zwischen 15 und 17 Uhr.
Ablenkung nach Möglichkeit vermeiden; gute Sicht in klarem und nicht zu stark bewegten Wasser ist wichtig. Übungen dann durchnehmen, wenn der Chlorgehalt des Wassers möglichst gering ist (kurz vor der Nachchlorung oder kurz nachdem Frischwasser zugegeben wurde).

5. Das Kind soll ganz gesund sein, ausgeruht und mit freudiger Erwartung die Tauchübung durchnehmen. Die Übungsstunden sind am besten vor einer Mahlzeit abzuhalten.

6. Nehmen Sie zu den Tauchübungen ein etwa gleichaltriges Kind mit, das gut schwimmen kann und sich nach Möglichkeit gerne im tiefen Wasser beim Tauchen tummelt.

7. Als Anreiz für das Tauchen eignen sich farbige, gut sichtbare, feste und sinkbare Gegenstände, z. B. bunte Ringe, Bälle, Tiere aus Hartgummi oder solidem Plastik, Taucherbrillen (ohne Metallbeschläge), Gießkannen sowie mit Wasser gefüllte bunte Luftballons.

8. Machen Sie sich vor dem Unterricht Gedanken darüber, welche Wasserspiele für Ihr Kind anregend, interessant und leistungsfördernd sind (geeignet sind entsprechende Wettkampfspiele). Diese geben dem Kind das Vertrauen und die Selbstsicherheit einer gelungenen Aktion. Wettkampfpartner sind dabei entweder Sie oder ein zweites, gut schwimmendes Kind. Sind Sie unschlüssig bei der Wahl der Spielanregungen, wird das Kind unlustig und unwillig.

Allgemein:

Alle diese Lektionen verlangen von Ihnen ein großes Maß an Ausdauer und gutem Willen. Sie sind für das Kind nicht der Lehrer im strengen Sinne, sondern das Vorbild, dem es nachzueifern gilt. Alle Ihre Bemühungen müssen deshalb darauf abgestellt sein, dieses Verhältnis zu Ihrem Kind laufend zu erneuern und zu stärken.

Lautes Sprechen, Schimpfen, Tadel (auch wenn er gerechtfertigt ist), Hektik, Ungeduld ebenso wie fehlendes oder unzureichendes Lob sind grundsätzliche Fehler, die eine sinnvolle Unterrichtsgestaltung erschweren oder gar verhindern.

Wenn Sie darauf achten, daß Sie Ihr Kind nicht überfordern, wird es umso größere Erfolge erreichen, die letztlich eine allseits befriedigende Fertigkeit im Tauchen bringen.

V. Tauchanleitung

1. Kapitel: Freude und Ermunterung zum Schwimmen und Tauchen

Bevor Sie mit den eigentlichen Tauchlektionen beginnen, lassen Sie Ihr Kind nach Herzenslust im Wasser herumtollen. Wenn es bereits einige Meter ohne Schwimmhilfe schwimmen kann, wird es ihm doppelt Freude bereiten, seine bisher erworbenen Fertigkeiten allen nur möglichen Interessierten zeigen zu können. Dies ist eine gute Gelegenheit, zuerst einmal die Schwimmbemühungen ausgiebig zu bewundern und zu loben, zum andern die Aufnahmefähigkeit des Kindes zu weiteren „Taten" zu nutzen.

Es ist hier von großem Vorteil, wenn das Kind sich an einem Vorbild orientieren kann. Im günstigsten Fall nehmen Sie, die Eltern, diese Position ein, da Sie ja auch als Lehrer fungieren. Aber auch schwimmvertraute Geschwister oder Freunde des Kindes können Vorbilder sein. Wenn Sie das Kind ob seiner erworbenen Schwimmkenntnisse loben, gleichzeitig aber darauf hinweisen, was Sie außer dem Schwimmen noch beherrschen, so ist das ein großer Anreiz für das Kind.

Sie erleichtern sich den Unterricht sehr, wenn Sie es vermeiden, dem Kind eine Schülerrolle zuzuweisen. Vielmehr ist es erforderlich, das Kind zur Nachahmung zu bewegen.

Lektion 1

Vom Beckenrand ins tiefe Wasser zu springen, ist für alle schwimmfähigen Kinder wohl das Schönste. Lassen Sie Ihr Kind deshalb am Anfang ausgiebig springen. Zuerst vielleicht aus dem Stand (mit den Füßen voraus), dann mit Ihnen zusammen oder mit Anlauf. Hier ergibt sich schon die erste Spielmöglichkeit, wer von Ihnen am weitesten springen kann. Ganz allgemein ist das Kind am leichtesten zu unterrichten, wenn jede Lektion mit einem kleinen Spiel verbunden werden kann. Wenn es zudem als Wettbewerb geschieht — wenn Sie etwa jedesmal die Schwimmkenntnisse leise in Zweifel ziehen und das Kind zum Beweis des Gegenteils herausgefordert wird — wird es

leicht sein, das Kind zu immer größeren Taten anzuspornen, die Unterrichtszeit wesentlich konzentrierter und kürzer durchzuziehen.

Lektion 2
Das Springen vom Beckenrand, sowohl vom Stehen als auch mit Anlauf, beherrscht das Kind nun sicher. Nun ermuntern Sie es zum Fußsprung mit anschließendem normalen Brustschwimmen. Das Kind sollte dabei nicht wieder zum Absprungpunkt zurückschwimmen (also keine Kehrtwendung während des Schwimmens machen), sondern auf einen festen Punkt in etwa 5 m Entfernung zuschwimmen.
Beachten Sie dabei vor allem 2 Punkte:
a: Beim Springen sollen beide Beine gestreckt sein, so daß der Körper senkrecht eintaucht und dadurch eine große Tiefe erreicht. Beide Arme des Kindes liegen an, um unnötige Reibungsverluste zu vermeiden.
b: Wenn das Kind seine größte Tauchtiefe erreicht hat und wieder auftaucht, sollte es mit gleichzeitigen Schwimmbewegungen der Arme und Beine beginnen. Es ist sehr schwierig, dem Kleindkind

dies zu erklären. Achten Sie deshalb lediglich auf eine große Eintauchtiefe. Sobald dem Kind die „Aufwärtsfahrt" zu langsam wird, beginnt es selbst ohne Aufforderung zu schwimmen.

Zum Abschluß dieser Lektion stellen Sie sich etwa 3 m entfernt von der Absprungstelle des Kindes in das Schwimmbecken. Bevor das Kind nun abermals mit einem gestreckten Fußsprung eintaucht, weisen Sie es darauf hin, daß es erst auftauchen soll, wenn es Sie, unter Wasser schwimmend, erreicht hat. Es ist nicht erforderlich, daß das Kind Sie tatsächlich erreicht — dies ist auch nicht der Zweck der Übung. Vielmehr liegt der Sinn darin, daß das Kind:

c: die Augen geöffnet hat, um zu sehen, wohin es schwimmen muß. Wenn es von der kürzesten Strecke zu Ihnen hin abweicht, haben Sie die Gewißheit, daß das Kind mit geschlossenen Augen geschwommen ist. Sie können es daher auf diese Unterlassung hinweisen.

d: Ihren Anforderungen zum Schwimmen folgt. Verweigert das Kind diese Lektion aus prinzipiellen Gründen, gehen Sie nochmals ein

paar Lektionen zurück (siehe Band I „Kinderschwimmschule"), wiederholen die letzten 3 bis 4 Lektionen und beginnen langsam mit den Tauchlektionen, ohne daß das Kind den Übergang bemerkt.

e: zumindest ahnt, was von ihm erwartet wird, um Ihren Anforderungen und Wünschen gerecht zu werden.

Lektion 3

Zum Abschluß dieses Kapitels „Ermunterung zum Schwimmen und Tauchen" lassen Sie Ihr Kind wahllos von den Treppenstufen in das Wasser springen. Zuerst wiederum, wie es ihm Spaß macht, dann zum Schluß jene Übung, die Ihnen Spaß macht, d. h. jene, die Sie vom Kind durchgeführt haben wollen. Wenn Sie sich auch an dieser Übung aktiv beteiligen, bekommt das Kind die Gewißheit und somit das Vertrauen, daß es nicht alleingelassen wird. Diese Zuversicht wird auch noch andauern, wenn Sie sich nicht mehr aktiv an den nachfolgenden Lektionen beteiligen, weil es für Sie nicht mehr möglich ist. So sind die folgenden Sprünge ganz allgemein von großem Vorteil. Sie helfen, die Anlaufschwierigkeiten zu überwinden und dienen zugleich als Anreiz für die kommenden Tauchlektionen.

a: Fußsprünge ins Wasser, mit kräftigem Abstoßen der Füße von der Treppenkante.

b: „Hechtsprünge" vorwärts und rückwärts.

c: Sprünge mit den Füßen voraus.
   (Besondere Achtung! Lassen Sie diesen Sprung, nachdem Sie ihn vorgemacht haben, vom Kind allein ausführen. Sie stehen dabei dicht an den Treppenstufen und achten darauf, daß das Kind sich nicht stößt.)

d: Übungen, bei denen sich das Kind von den Stufen gestreckt ins Wasser fallen läßt (ohne daß Sie selbst dabei aktiv werden).

2. Kapitel: Wassergewöhnung während des Tauchens

Zuerst muß das Kind an ein Verweilen unter Wasser für längere Zeit gewöhnt werden. Bei größeren Kindern (ab 7 Jahren) ist es üblich, (vor allem, wenn sie den Kopf nur widerwillig unter Wasser tauchen), diesen Versuch schrittweise zu starten: zuerst bis zum Hals eintauchen, dann bis zum Mund, zu den Augen und zuletzt mit dem ganzen Kopf. Bei kleineren Kindern gelangt man damit aber nicht zum Ziel. Sie müssen die Eintauchzeit des Kindes selbst regulieren.

Lektion 4

Stellen Sie das Kind vor sich (es blickt Sie an) in das brusttiefe Wasser. Nun ergreifen Sie seinen Oberkörper mit beiden Händen, heben es etwas aus dem Wasser heraus, bis es den Boden unter den Füßen verliert, und tauchen es rückwärts vollkommen unter Wasser. Nun halten Sie das Kind kurz eingetaucht (nicht länger als 3 Sekunden) und holen es anschließend zurück an die Oberfläche. Diese Methode hat mehrere Vorteile:

a: Während des Untertauchens sind im allgemeinen die Augen des Kindes geöffnet, da es Ihnen zugewandt ist und Sie durch das Wasser hindurch anblicken kann. Es hält die Augen offen, weil Ihre vertraute Nähe, selbst im tiefen Wasser, Sicherheit gibt und weil es auf Ihre weiteren Reaktionen wartet. Dadurch ist es möglich, das Öffnen der Augen unter Wasser zur Gewohnheit werden zu lassen.

b: Da das Kind unter Wasser die Hände frei hat (Sie ergreifen lediglich seinen Oberkörper beim Eintauchen), wird es mit Händen und Beinen strampeln oder sich an Ihren Armen anklammern, sobald ihm die Atemluft unter Wasser langsam knapp wird. Sie wissen dadurch den richtigen Zeitpunkt, wann Sie Ihr Kind wieder aus dem Wasser heraufholen müssen, ohne ihm das Untertauchen zu verleiden.

Es ist vorteilhaft, diese Übung nach Möglichkeit mehrmals in einer Unterrichtsstunde durchzuführen, ohne jedoch am Anfang über 3 Sekunden Eintauchzeit hinauszugehen. Wenn Sie merken, daß dies dem Kind keine Schwierigkeiten mehr bereitet, verlängern Sie die Eintauchzeit geringfügig, maximal auf 5 Sekunden, bis das Kind sich wieder an Sie klammert.

Nach einer längeren Unterbrechung (eventuell mehrere Tage) setzen Sie diese Übung fort. Fangen Sie dann gleich bei jener Eintauchzeit an, bei der Sie zuletzt aufgehört haben.

Führen Sie diese Übung in einer Unterrichtsstunde höchstens dreimal durch, und zwar einmal bei Beginn, dann in der Mitte und am Schluß des Unterrichts, so daß das Kind damit die Übungen als beendet betrachten kann.

Wenn Sie diese Übungen, wie nachfolgend beschrieben, mit dem Kind im tiefen Wasser durchführen, so sollte es ausreichen, nur einmal zu üben.

c: Nehmen Sie das Kind mit in das tiefe Wasser des Lehrschwimmbeckens. Halten Sie hier gleichfalls das Kind vor sich, mit beiden Händen seinen Oberkörper umfassend, während das Kind Ihnen zugewandt ist und Sie anblicken kann. Tauchen Sie das Kind nun soweit wie möglich in das Wasser, lassen es nun aber los. Nachdem es, ohne Ihre Hilfe, wieder an die Wasseroberfläche gekommen ist, beenden Sie die Lektion.

Lektion 5

Bei dieser Lektion steht das Kind im brusttiefen Wasser dicht am Beckenrand und hält sich mit den Händen an der Überlaufrinne fest. Nun geht es senkrecht in die Knie zur Hocke, bis sein Kopf vollkommen im Wasser ist und kommt gleich wieder an die Oberfläche zurück. Ermuntern Sie dabei auch das Kind zum längeren Verweilen unter Wasser.

Halten Sie dazu Ihre Hand recht tief in das Wasser, damit das Kind sie gut sehen kann, wenn es wieder untertaucht. Nun zählen Sie mit Ihren Fingern bis 3 oder 4. Erklären Sie dem Kind vorher, daß es bei 3 bzw. 4 wieder auftauchen soll. Dadurch wird es gezwungen, seine Augen geöffnet zu halten, um Ihre Finger zu sehen und den Zeitpunkt des Wiederauftauchens erkennen zu können.

18

Lektion 6

Die Grundidee dieser Lektion ist die gleiche wie bei Lektion 5. Doch nun steht das Kind nicht am Beckenrand (wo es einen sicheren, festen und vertrauensvollen Halt fand), sondern neben Ihnen im Wasser. Sie halten das Kind mit Ihrer Hand am Handgelenk fest und lassen es ebenfalls zur Hocke untertauchen. Auch hier ist es von Vorteil, wenn Sie mit Ihren Fingern der freien Hand dem Kind ein „zählendes Zeichen" geben, wann es wieder auftauchen kann.

Ist diese Übung zur Zufriedenheit gelöst, ermuntern Sie das Kind zur selbständigen Ausführung ohne Hilfe. Das Zählen ist nicht mehr notwendig, da das Kind die Dauer des Untertauchens allein bestimmen kann. Ihre Anwesenheit gibt jedoch die notwendige Sicherheit. Das Kind kann Ihre Beine sehen, wenn es die Augen unter Wasser offenhält.

Ein besonderer Anreiz dieser Übung besteht darin, einen bunten, gut sichtbaren Gegenstand (Hartgummiball, Ring etc.) vom Beckenboden heraufholen zu lassen. Diese Übung bietet sich für Ihre Vorführung besonders an. Holen zuerst Sie diesen Gegenstand aus dem Wasser und zeigen Sie ihn dem Kind, damit es sieht, wie einfach das ist. Nach mehreren Versuchen wird es auch diese Übung gut lösen können. Achten Sie aber darauf, daß es nicht versucht, den Gegenstand mit den Füßen heraufzuholen. Für alle Kinder ist das zunächst eine große Versuchung.

Lektion 7

Zum Abschluß dieses Kapitels gibt es eine nette Übung, die als „toter Mann" bezeichnet wird. Beherrscht das Kind diese Übung, wird es lange Zeit keine größere Freude geben, als den „toten Mann" vorzuführen. Zum einen kommt dabei der Wasserauftrieb für das Kind ganz zur Wirkung, zum andern bietet diese Lektion eine Unzahl von Variations-Möglichkeiten.

Vorbedingung ist dafür nicht zu tiefes Wasser und eingehender Anschauungsunterricht der Anwendung und Wirkung.

Das Kind atmet vor Beginn dieser Übung seine Atemluft vollkommen aus (so wird der Auftrieb gemindert) und setzt sich auf den Boden des Schwimmbeckens. Wenn es dazu mit den Händen in schnellen Bewegungen das Wasser zur Oberfläche schaufelt, kann es für einige Zeit unter Wasser bleiben.

Haben Sie mit Ihrer Vorführung ein Vorbild gegeben, kann das Kind auch versuchen, vom Sitzen zum Liegen (am besten auf dem Bauch)

zu kommen. Oder es kann sich in der eingenommenen Haltung zur Oberfläche zurücktragen lassen. Alle nur erdenklichen Bewegungen sind für das Kind unter Wasser durchführbar, wenn es Ihnen gelungen ist, ihm während der vorangegangenen Lektionen die vielleicht noch vorhanden gewesene Wasserscheu restlos zu nehmen.

3. Kapitel: Vorbedingungen zum Gleiten

Eine sehr wesentliche Voraussetzung zum Gleiten im Wasser (ohne Schwimmbewegungen) ist das kräftige Abstoßen mit den Beinen, sei es von den Treppenstufen, vom Beckenrand oder sei es sogar durch einen sicheren Absprung, gleich ob Kopf- oder Fußsprung.

Dieses Abstoßen ist für das Kleinkind der Ersatz des Kraulbeinschlags im Wasser während des Tauchens, dessen Grundprinzip letztlich auch das Vorwärtsstoßen ist.

Eine sehr sichere Methode, die von jedem Kleinkind sehr schnell und leicht erlernt wird, und die das Abschieben von einem festen Punkt beinhaltet, wird nun beschrieben.

Lektion 8

Gehen Sie dazu mit Ihrem Kind zusammen dicht an die Wand des Lehrschwimmbeckens heran, in die Wassertiefe, in der Sie noch gut stehen können. Wählen Sie einen Abstand zur Wand von etwa 1 m. Fassen Sie das Kind mit beiden Händen um die Schultern und unter den Achseln und bringen Sie es mit diesem Haltegriff in eine waagrechte Lage. Das Kind nimmt gewissermaßen eine normale Schwimmhaltung (Brustlage) ein, ohne jedoch Schwimmbewegungen auszuführen. Dies ist auch nicht erforderlich, da Sie durch den beschriebenen Haltegriff das Kind in der gewünschten Lage halten können.

Zählen Sie nun laut bis 3. Bei 3 stößt sich das Kind mit den Beinen vom Beckenrand ab. Sie gehen mit dem Kind, das Sie auch weiterhin festhalten, dem Beinstoß entsprechend, einige Schritte zurück.

Nach mehreren Versuchen können Sie und auch das Kind sicher sein, daß der Sinn und die Durchführung des Beinstoßes von einem festen Abstoßpunkt verstanden und beherrscht werden.

Besonders zu beachten sind:

a: Die Füße des Kindes sollten möglichst mit beiden Sohlen an der Beckenwand anstoßen.

b: Die Beine sollen zum Abstoßen genügend angewinkelt sein.

c: Die Abstoßbewegung bzw. -richtung soll in steter waagerechter Richtung verlaufen.

d: Sie sollten diese Bewegung gleichzeitig durchführen, indem Sie simultan einige Schritte zurückweichen.

Nachdem das Kind diesen Grundgedanken des Abstoßens begriffen hat, gehen Sie in der Lektion weiter und ermuntern es zur alleinigen Ausführung dieser Bewegung.

Darauf aufbauend bietet sich folgende Übung an.

Lektion 9

Sie stehen mit dem Kind am Beckenrand, jedoch im flachen Wasser, wo die Wasserhöhe dem Kind ungefähr bis zur Brust reicht. Das Kind steht mit dem Rücken zur Wand. Sie selbst stehen entweder rechts oder links vom Kind, gleichfalls mit dem Rücken zur Beckenwand. Erklären Sie dem Kind, daß es nun die gleiche Abstoßbewegung, jedoch unter Wasser ausführen soll. Sie ergreifen beide Schultern des Kindes (linke Hand auf linker Schulter, rechte Hand auf rechter Schulter) und drücken es senkrecht (die Körperhaltung des Kindes bleibt annähernd parallel zur Beckenwand) unter Wasser, bis auch sein Kopf restlos eingetaucht ist.

Bedeuten Sie dem Kind, daß es nun wieder beide Fußsohlen an der Beckenwand abstützen soll. Sie schieben das Kind (immer noch beide Schultern umfassend) unter Wasser mit kräftigem Stoß von der Wand fort und lassen es los, so daß es das letzte Wegstück allein ausgleitet und an die Oberfläche zurückkommt.

Zusammenfassung:

a: Waagrechte Lage des Kindes unter Wasser.

b: Beine werden abgebeugt und zum Abstoßen die Fußsohlen an die Wand gelegt.

c: Sie halten und schieben das Kind weiterhin in Waagrechtlage von der Wand fort und lassen es alleine ausgleiten.

Um die bereits erworbenen Fertigkeiten des Abstoßens ohne Hilfe von der Wand weiter zu vervollkommnen, empfiehlt sich, auf die gleiche Art und Weise, die beiden folgenden Lektionen durchzunehmen.

Lektion 10

Hierbei steht das Kind wiederum im brusttiefen Wasser, mit dem Rücken zur Beckenwand. Sie befinden sich vor dem Kind und blicken es an. Ergreifen Sie nun beide Handgelenke des Kindes von vorne und fordern es auf, soweit wie möglich in das Wasser einzutauchen und seine Füße an die Beckenwand zu legen. Das waagerechte Abstoßen besorgt das Kind allein, so daß es sich erübrigt, zu ziehen. Ihr Haltegriff an seinen Handgelenken bietet lediglich die Möglichkeit zur evtl. Korrektur, um das Kind gegebenenfalls in die waagrechte Abstoßlage zu bringen.

Anmerkung:
Diese Übung ist wesentlich schwieriger als die vorangegangene, da jetzt das Kind diese Übung größtenteils alleine ausführt. Nehmen Sie deshalb diese Lektion erst dann durch, wenn Sie sicher sind, daß das Kind das Prinzip des Abstoßens vollkommen beherrscht.
Wenn das Kind auch die Lektion 10 gut beherrscht, gehen Sie einen Schritt weiter zur wohl schwierigsten Abstoßübung.

Lektion 11
Gehen Sie mit dem Kind zusammen in das tiefe Wasser des Lehrschwimmbeckens, dicht an den Beckenrand. Sie halten das Kind vor sich, mit beiden Händen Oberkörper und Schulter umfassend, damit es Sie ansehen kann. Halten Sie das Kind mit dem Rücken fest an die Beckenwand und lassen Sie los, so daß es tief eintaucht (dies wird erreicht, wenn Sie es genau senkrecht, gestreckt eintauchen lassen). Nun soll es sich allein unter Wasser in eine waagrechte Haltung bringen und versuchen, sich mit beiden Beinen von der Wand zum Gleiten abzustoßen.
Beachten Sie:
a: Das Kind soll tief eintauchen.
b: Wenn es den Versuch macht, sogleich wieder an die Oberfläche zu kommen und nicht eine waagrechte Haltung unter Wasser einnimmt, bremsen Sie den Aufwärtstrieb mit Ihren Händen auf seinem Nacken ab und vollführen Sie zugleich einen Vorwärtsschub des Kindes unter Wasser.
c: Achten Sie deshalb vor allen Dingen zuerst auf das Abschieben. Es empfiehlt sich, das Kind vorerst nur auf das kräftige Abschieben aufmerksam zu machen.
Wenn Sie von ihm zudem die waagrechte Lage fordern, wird es am Anfang sicherlich überfordert sein.
Beherrscht das Kind einigermaßen sicher das alleinige Abschieben von der Beckenwand, beginnen Sie mit der Lektion, die das Abschieben von der Treppenstufe einführt.

24

Diese Übung ist leichter als die vorangegangenen, so daß es dem Kind keine große Mühe bereiten dürfte, Ihren Aufforderungen zu folgen.

Lektion 12
Stellen Sie das Kind auf die unterste Treppenstufe im Lehrschwimmbecken. Achten Sie gleich am Anfang darauf, daß sich die Füße des Kindes direkt auf der Kante der Stufe· befinden. So erhält es einen sicheren Stand und zudem eine gute Möglichkeit zum folgenden, kräftigen Abschieben. Sie stehen kurz vor den Stufen im Becken und blicken dabei das Kind an. Ergreifen Sie nun seine beiden Handgelenke (nicht die Hände, da das Kind sonst versuchen wird, Sie festzuhalten).

Das Kind geht soweit wie möglich in die Knie und schiebt sich in waagrechter Lage von der Stufe ab. Sobald es diese Gleitbewegung ausführt, gehen Sie gleichfalls zurück, halten aber das Kind an den Handgelenken fest.

Anmerkung:
a: Das Kind steht auf der Kante der untersten Stufe.
b: Es geht so tief wie möglich in die Knie und
c: schiebt sich kräftig ab. Ihre besonderen Hinweise zum Abstoßen erleichtern dem Kind die Durchführung dieser Übung.

d: Der Kopf braucht hier nicht in das Wasser eintauchen, da es ausschließlich auf das richtige Abstoßen ankommt.

e: Das abschließende Gleiten soll in waagrechter Richtung erfolgen, die Beine dürfen dabei nicht auf dem Beckenboden schleifen, sondern müssen sich gestreckt dicht unter der Wasseroberfläche befinden.

Auch diese Übung ist sehr gründlich zu üben, da hier am ehesten der Sinn eines richtigen Abstoßens begriffen wird. Gegebenenfalls ziehen Sie das Kind mit dem Haltegriff an den Handgelenken, damit dem Kind nochmals vor Augen geführt wird, worauf es ankommt.

4. Kapitel: Übungen zum Gleiten

Hat das Kind die vorausgegangenen Vorbedingungen zum richtigen Gleiten, das Abstoßen, gut verstanden und auch gut durchgeführt, können Sie zum allgemeinen Gleiten weitergehen. Das Gleiten ist

nicht nur eine Vorübung zum Tauchen, sondern vor allem das Grund-
element der Tauchtechnik. Wird das Gleiten gut beherrscht, ist eine
Schwimmbewegung (z. B. Brustschwimmen) unter Wasser lediglich ein
Mittel, um jede gewünschte Schwimmrichtung einzunehmen. Für das
Kleinkind würde das Gleiten im Anfangsstadium des Tauchens vollkommen ausreichen, da es durch kräftiges Abstoßen auch ohne entsprechende Schwimmbewegung Dinge vom Beckenboden heraufholen
bzw. sich unter Wasser eine kurze Strecke fortbewegen kann.
Zudem ist das Gleiten eine herrliche Möglichkeit für das Kind, sich
über längere Zeit hin im Wasser aufzuhalten, ohne sich der Anstren-
gung einer Schwimmbewegung unterziehen zu müssen. Dies hat für
das Kind die wichtige Bedeutung, später den Freischwimmerausweis
(15 Minuten Schwimmen im tiefen Wasser ohne Festhalten oder Hinstellen) zu erlangen. Hier ist also nicht nur das Gleiten im tiefen
Wasser (getaucht) gemeint, sondern auch das Gleiten unter Anwendung des Auftriebes an der Wasseroberfläche, sei es in Bauch- oder
Rückenlage. Wir wenden uns hier jedoch dem Gleiten unter Wasser

zu, das für das Kind sehr wesentlich wird, um eine sichere Tauch-technik zu erlernen. Die folgende Lektion beginnt wieder mit einer Übung auf den Treppenstufen.

Lektion 13

Das Kind stützt sich so auf die Treppenstufe, daß seine Schultern gerade mit Wasser bedeckt sind und die gestreckten Beine (Richtung zum Becken) sich in waagrechter Lage (Bauchlage) unmittelbar unter der Wasseroberfläche befinden. Nun taucht das Kind den Kopf in das Wasser und nimmt ihn gleich wieder empor. (Die Lage bleibt dabei unverändert). Kann das Kind allein den Kopf 3 Sekunden unter Wasser behalten, ermuntern Sie es zum kräftigen Ausblasen der Atemluft unter Wasser. Das Kind holt tief Luft, taucht den Kopf tief und vollkommen ein und bläst nun kräftig die Atemluft unter Wasser aus. Wenn das Kind unter Wasser laut „huuuuh" ruft, ist es sehr gut! Sie haben dadurch eine Kontrolle über die gute Durchführung dieser Übung Ihres Kindes, da Sie die Atemmenge und das gewünschte Tempo des Aus-atmens anhand der aufsteigenden Atemluft kontrollieren können. Wird die Luft vom Kind nicht kräftig genug ausgeblasen, sehen Sie dies an den vereinzelt aufsteigenden Blasen. Die ausgeblasene Atemmenge er-kennen Sie an der Zahl der Luftblasen.
Nach dem Auftauchen — das Kind hebt den Kopf aus dem Wasser empor — sollte es anschließend (ohne lange Kunstpause) wieder tief einatmen.
Wenn Sie merken, daß dies nicht geschieht, haben Sie die Gewißheit, daß nicht alle Atemluft vom Kind unter Wasser ausgestoßen wurde, sondern ein Rest in der Lunge verblieben ist.
Deshalb dringen Sie wiederholt darauf, daß
a: vor Beginn des Eintauchens das Kind tief und ausgiebig Luft holt
b: seine Atemluft unter Wasser kräftig ausgeblasen wird, am besten
   mit „huuuuh"-Geschrei!
c: es nach dem Auftauchen *anschließend* tief Luft holt.
Der Sinn dieser Übung ist: Je besser die Atemluft unter Wasser aus-geblasen wird, umso geringer wird der Auftrieb im Wasser. Das be-deutet, daß das Kind dann größere Wassertiefen tauchend erreichen kann, wenn es so wenig Luft wie möglich in seinen Lungen hat.

Lektion 14

Nach mehreren Proben der vorangegangenen Übung, zeigen Sie nun die daraus folgende Übung:

28

Das Kind behält seine eingenommene Lage bei. Sie stehen im Wasser hinter dem Kind. Ergreifen Sie nun mit beiden Händen seine beiden Fußgelenke und ziehen es zu sich heran und damit von den Stufen fort. Das Kind wird den sicheren Halt auf den Stufen verlieren und in der gewünschten gestreckten Haltung unter das Wasser tauchen. Der Kopf soll dabei ganz eintauchen. Nach mehreren Versuchen ermuntern Sie das Kind, unmittelbar nach Ihrem Ziehen seine gesamte Atemluft unter Wasser restlos auszuatmen. Das Eintauchen soll jetzt nicht beachtet werden. Richten Sie Ihre ganze Aufmerksamkeit auf ein kräftiges und ausgiebiges Ausblasen der Atemluft. Ihre Kontrolle ist auch hier das Aufsteigen der Luftblasen.

Lektion 15

Die folgende Lektion ist der erste Schritt zum freien Gleiten im Wasser. Beherrscht das Kind das Abstoßen mit den Füßen von einem festen Punkt und das Ausblasen der Atemluft unter Wasser, kommen wir zu einer Lektion, die das freie Gleiten behandelt. Ausgangspunkt ist auch hier wieder die unterste Treppenstufe. Ihr Kind steht mit den Füßen auf der Stufenkante, um einen sicheren Halt zum nachfolgenden Abstoßen zu finden, während Sie vor dem Kind im Wasser stehen. Das Kind blickt zum Schwimmbecken und Sie wenden sich ihm zu. Ergreifen Sie nun mit Ihren beiden Händen beide Schultergelenke des Kindes, indem Sie 4 Finger unter die Achsel schieben, während Ihre Daumen über die Schulter greifen. Mit diesem Schultergriff heben Sie das Kind etwas an und drehen es gleichzeitig in die waagrechte Schwimmlage. Hat das Kind die gewünschte Gleitlage eingenommen, gehen Sie so weit in die Hocke, daß sich Ihr Kopf in gleicher Höhe mit dem Ihres Kindes befindet. Dies hat den Vorteil, daß Sie so das Kind besser halten, bzw. ziehen und zugleich direkt ansehen können, um ihm dadurch jegliche Angst nehmen zu können.

Halten Sie das Kind weiter in dieser Lage, gehen Sie schnell einige Schritte zurück und lassen Sie gleichzeitig Ihren Griff an den Schultern los. Das Kind erhält dadurch das gewünschte Gleittempo, so daß es für kurze Zeit auf der Oberfläche des Wasser bleibt, ehe es, immer noch in waagrechter Haltung, bis fast auf den Beckenboden sinkt. Holen Sie es sogleich wieder an die Oberfläche und loben Sie es ausgiebig. Diese Lektion vorläufig nur einmal durchführen!

Zusammenfassung:

a: Das Kind steht auf der Stufe, Sie ihm zugewandt unmittelbar davor.
b: Mit Schulter- und Achselgriff bringen Sie es in eine waagrechte

Lage, Sie gehen dabei so weit in die Knie, daß Ihr Kopf und der Kopf des Kindes annähernd auf gleicher Höhe sind.

c: Sie gehen ein paar schnelle Schritte zurück (immer noch in der Hocke bleiben) und lassen das Kind los, so daß es waagrecht eintaucht und langsam zum Beckenboden gleitet.

d: Anschließend sogleich wieder heraufholen.

Der Zweck dieser Übung ist es, dem Kind anschaulich zu zeigen, wie ein späterer Gleitvorgang vonstatten gehen wird. Besondere Beachtung bei dieser Übung finden insbesondere noch folgende Punkte:

e: Kinder haben bei Durchführung dieser Übung die Angewohnheit, die Handgelenke des Lehrers zu umklammern (während Sie das Kind an den Schultern gefaßt haben). Lassen Sie dies jedoch auf keinen Fall zu! Sie müssen den richtigen Zeitpunkt *ungehindert* bestimmen können, wann Ihr Kind eintauchen soll. Sofern Ihr Kind versucht, sich an Sie festzuklammern, ergreifen Sie nicht seine beiden Schultergelenke, sondern wählen Sie den beidseitigen Oberarmgriff.

f: Es kommt oft vor, daß das Kind, wenn es plötzlich gezogen und dann losgelassen wurde, nicht den Kopf eintaucht. Es hält allgemein den Kopf aus dem Wasser heraus, wenn es rechtzeitig seine Arme freibekommt, um eine entsprechende Aufwärtsbewegung zu vollführen. Halten Sie deshalb nach Möglichkeit seine beiden Arme so lang wie möglich ruhig. Sollte diese Maßnahme auch nicht ausreichen, dann drücken Sie das Kind, im Ausklang der Gleitphase, mit dem Kopf unter Wasser.

g: Beide Beine sollen bereits kurz nach dem Abstoßen von der Stufe in waagrechter Lage unmittelbar unter der Wasseroberfläche liegen. Machen Sie das Kind deshalb besonders auf diese Haltung aufmerksam. Es genügt bei dieser Übung vollkommen, wenn es sich ausschließlich auf gestreckte und oben liegende Beine konzentriert. Sollte es jedoch trotz allem noch die Angewohnheit haben, seine Beine während des Gleitvorganges auf dem Boden schleifen zu lassen, bzw. zu laufen versuchen, dann wenden Sie wiederum den Schultergriff an, um das Kind entsprechend zu dirigieren.

Diese Lektion ist mit dem Kind sehr gründlich zu üben. Es kann vorkommen, daß sie sich über mehrere Unterrichtsstunden erstreckt. Gut beherrscht wird diese Übung vom Kind erst dann, wenn Sie keinen Widerstand mehr spüren, so daß es wie von selbst (Ihr Haltegriff ist nur leicht angedeutet) nach dem Ausgleiten waagrecht auf den Beckenboden sinkt. Diese vorangegangene Lektion ist die Voraussetzung zum allgemeinen Gleiten, sowohl auf der Wasseroberfläche als auch im tiefen Wasser, z. B. nach einem Kopfsprung. Die Länge der Gleitstrecke hängt nun ausschließlich davon ab, ob sich das Kind:

1. kräftig von einem festen Punkt abstößt,
2. eine gestreckte, möglichst waagrechte Haltung einnimmt und
3. die Atemluft unter Wasser kontrolliert.

Von diesen 3 aufgezeigten Punkten ist vorerst noch Punkt 3 für das Kind von Bedeutung, denn von der sicheren Beherrschung der Atemluft unter Wasser hängt letztlich sein Erfolg bei den weiteren Übungen ab. Falls Sie jetzt also Anzeichen beim Kind entdecken, daß es bei dieser vorangegangenen Übung Angst bekommen hat, gehen Sie vorläufig in den Lektionen nicht weiter. Sie helfen dem Kind mehr, wenn Sie statt dessen Kapitel I und Kapitel II wiederholen, um so Ihrem Kind seine Freude am Wasser wiederzugeben. Eine vorzügliche Übung ist hier besonders der gestreckte Fußsprung in das tiefe Wasser (ggfs. große Schwimmbecken). Sie verbinden gleichzeitig die Freude am Springen mit langem Aufenthalt unter Wasser (wenn das Kind eine große Tiefe erreicht).

Lektion 16

Mit dieser folgenden Übung wird letztlich das gleiche Ziel angestrebt, wie in der vorrangegangenen: das Gleiten. Halten Sie das Kind jedoch nicht an den Schultern, sondern an beiden Handgelenken (dabei darf es nicht die Möglichkeit haben, sich an Ihnen festzuklammern) und ziehen es gestreckt zu sich in das Wasser, indem Sie gleichzeitig einige Schritte zurückgehen. Nach Beendigung der Gleitphase lassen Sie seine Handgelenke los, so daß das Kind gestreckt auf den Beckenboden sinkt.
Beachtung:
Vor Beginn dieser Übung fordern Sie das Kind auf, vor und während der Gleitphase, den Kopf in das Wasser zu tauchen. Das Kind soll ausschließlich darauf achten, den Kopf während dieser Übung im Wasser zu halten.
Da das Kind dies im Anfangsstadium meistens nicht freiwillig tut, fordern Sie es mehrmals und eindringlich dazu auf. Erst wenn das Eintauchen des Kopfes klappt, dringen Sie auf eine gestreckte Gleithaltung.

Lektion 17

Das Kind steht abermals auf der untersten Treppenstufe, mit den Füßen auf der Stufenkante, und blickt zum Becken. Sie stehen im Becken, etwa 1,50 m von den Stufen entfernt, mit Blickrichtung zum Kind.
Es soll nun versuchen, durch kräftiges Abstoßen von der Stufe Sie gleitend zu erreichen, wo Sie es dann festhalten. Dabei ist es nicht erforderlich, daß das Kind seinen Kopf in das Wasser taucht, es kann ihn — wie auf der Abbildung — über dem Wasser halten. Besondere Beachtung verdient jedoch:
a: ein kräftiges Abstoßen (auf der Kante stehen und tief in die Knie gehen),
b: eine möglichst gestreckte Gleithaltung, sowohl der Arme, als auch der Beine.
Sofern dies vom Kind gut beherrscht wird, halten Sie das Kind *nicht mehr fest* (nachdem es Sie erreicht hat), sondern lassen es kurz zuvor gestreckt eintauchen (auch sein Kopf soll jetzt eintauchen).
Diese Übung nehmen Sie jedoch nur einmal durch und jeweils zum Abschluß mehrerer Versuche der vorangegangenen Übung. Sie erhalten sich das auch weiterhin erforderliche Vertrauen, wenn Sie diese Übung nur einmal durchführen. Das Kind erwartet zunächst ja, daß es wie bisher am Ende des Gleitens aufgehalten wird und nicht absinkt.

Lektion 18

Sind Sie nun sicher, daß Ihr Kind keine Angst mehr vor dem Eintauchen hat und demzufolge auch Ihren entsprechenden Anweisungen
folgt, gehen Sie dazu über, das Gleiten (Kopf im Wasser) mit anschließendem Festhalten zu üben.

Die Ausgangsstelle ist die gleiche wie in Lektion 17. Das Kind schiebt
sich zu Ihnen hin ab (mit Kopf im Wasser) und Sie halten es am Ende
seiner Gleitphase auf.

Anmerkung:

Dabei ist es sehr wesentlich, Ihr Kind zuvor darauf hinzuweisen, daß es
sich unmittelbar nach dem Abschieben, mit „getauchtem Kopf" gleiten
lassen soll. Es ist durchaus möglich, daß es Ihrer diesbezüglichen Aufforderung erst nach einiger Zeit nachkommt. Verlieren Sie aber deshalb
nie die Geduld, denn Sie können und dürfen nichts erzwingen.

Gehen Sie zum Abschluß dieses Kapitels „Übungen zum Gleiten" zu
jener Lektion über, bei der Ihr Kind die vollständige Gleitphase ohne
Ihre Mithilfe, also alleine ausführt. Halten Sie sich dazu etwas seitlich
schräg hinter dem Kind und spornen Sie es zu einer gekonnten Durchführung dieser Lektion an.

Lektion 19

Üben Sie nun das Gleiten mit zusätzlicher Armbewegung (noch ohne Beinhilfe), zunächst am Beckenrand und dann im Wasser. Die korrekte Armbewegung sieht so aus:

a: Armführung gestreckt, dicht zusammenliegend, schräg nach unten gerichtet

b: Handflächen nach außen, dabei Finger geschlossen

c: Gestreckte Halbkreisbewegung der Arme (nicht abgewinkelt)

d: Arme dicht zusammenliegend, nach vorne zur Ausgangsstelle zurückführen.

Das Kind steht auf der Treppenstufe und Sie in einer Entfernung von etwa 2 m davon. Das Kind geht tief in die Knie, nimmt den Kopf in das Wasser und gleitet gestreckt und waagrecht zu Ihnen hin. Im Ausklang der Gleitphase beginnen seine Armbewegungen. Hierbei werden beide Arme gestreckt nach vorne geführt, ehe die Kreisbewegung beginnt. Die Handflächen sind nach außen gerichtet, die Finger geschlossen. Die nun folgenden Anmerkungen verdienen Ihre besondere Beachtung:

e: Beim Gleiten hält das Kind seine Arme nicht gestreckt nach vorne, sondern etwas *schräg nach unten* gerichtet (im Zusammenhang mit der Armbewegung). Das Kind soll gewissermaßen das Wasser aus einer größeren Tiefe nach oben schaufeln.

f: Die Armbewegung soll nicht zu hastig erfolgen, sondern ruhig, aber kräftig.

Bevor Sie nun zum nächsten Kapitel übergehen, versichern Sie sich erst noch einmal, ob Ihr Kind alle Übungen bisher richtig verstanden und aufgenommen hat: Wenn sich das Kind noch nicht ganz sicher ist, verweilen Sie noch eine Zeit bei diesen vorangegangenen Lektionen, ehe Sie die nächste Übung beginnen. Sie helfen dem Kind keineswegs, wenn es bei allem den Eindruck gewinnt, daß Schwimmen mit Leistung verbunden ist. Lassen Sie es deshalb immer bei seiner Ansicht, daß das Tauchen nur ein neues Spiel ist und deshalb keineswegs ein „Muß".

5. Kapitel: Übungen zum Tauchen

Diese folgenden Tauchübungen bauen direkt auf den Gleitübungen auf. Voraussetzungen sind hierbei, daß

1. das Kind sich korrekt abschieben kann,

2. es unter Wasser sehen kann (geöffnete Augen) sowie
   die Fertigkeiten des Ausatmens unter Wasser beherrscht,
3. es das Gleiten sicher kann.

Lektion 20

Stellen Sie das Kind auf jene Treppenstufe, auf der seine Füße gerade
mit Wasser bedeckt sind. Sie stehen vor ihm im Becken und ergreifen
seine beiden Schultern so, daß Sie jeden gewünschten Eintauchwinkel
selbst bestimmen können. Das Kind beugt sich so weit wie möglich ab
(nicht zu tief, sonst stößt es auf dem Beckenboden auf). Nun ziehen
und drücken Sie es mit beidseitigem Schultergriff in eine Gleitrichtung,
die kurz über dem Beckenboden entlangführt. Es ist von Vorteil, wenn
Sie sich dabei etwas seitlich von dem Kind hinstellen, so daß es mit
Ihrer Hilfe neben Ihnen tief eintauchen und ausgleiten kann. Hier soll
zunächst ausschließlich ein entsprechender Eintauchwinkel gezeigt werden. Ist dieser zu steil (wenn das Kind sich zu tief abbeugt), stößt es
möglicherweise auf dem Beckenboden auf, wenn es noch seine Augen
geschlossen hat. Ist dieser Winkel zu flach, so gelingt ihm lediglich
das Gleiten auf der Wasseroberfläche. Zusätzlich hat diese Übung die
Aufgabe, das Kind nocheinmal mit etwas tieferem Wasser vertraut zu
machen und zu zeigen, worauf es nun eigentlich ankommt.
Mit Ihren entsprechenden Hinweisen wird das Kind bald verstehen,
daß es nun ausschließlich direkt über dem Beckenboden gleiten soll.
Zeigt das Kind das Bestreben, alsbald nach dem gelungenen Eintauchen wieder an die Wasseroberfläche zu gelangen, halten Sie es
eine kurze Strecke in dieser Tauchlage, ehe Sie es wieder heraufholen.
Das Kind wird diese Übung am leichtesten verstehen, wenn Sie sich
mit Ihren Aufforderungen darauf beschränken, seinen Kopf bis auf den
Boden zu neigen. Achten Sie daher ausschließlich auf das Abbeugen des
Kopfes unmittelbar während des Eintauchens und vernachlässigen Sie
vorerst alles andere. Diese Übung sollte mehrmals wiederholt werden,
damit Sie und das Kind sicher sind bei dem entscheidenden Punkt.

Lektion 21

Diese gleiche Übung wird nun ausgeführt, indem Sie sich auf die-
selbe Treppenstufe wie Ihr Kind stellen. Blickrichtung ist zum Becken
hin. Das Kind steht unverkrampft auf der Stufe, seine beiden Arme
befinden sich an der „Hosennaht". Sie stehen seitlich neben dem Kind.
Ergreifen Sie nun mit einer Hand seinen Nacken und legen die andere
Hand auf seinen Bauch (die Arme des Kindes bleiben ruhig hängen).

Nun bewegen Sie Ihr Kind in eine abgebeugte Haltung, so wie Ihnen
der Eintauchwinkel am günstigsten erscheint. Nicht zu steil, sonst
stößt es sich am Beckenboden — nicht zu flach, sonst gelingt Ihnen
und ihm kein korrektes Eintauchen! Wenn Sie den richtigen Eintauchwinkel für Ihr Kind gefunden haben, achten Sie darauf, daß das
Kind die Eintauchstelle nicht sieht. Der Kopf soll demnach nicht mit
dem Gesicht zuerst eintauchen.
Sie behalten weiter die Eintauchrichtung bei, halten das Kind fest und
schieben es nicht zu schnell in das Wasser, so daß eine Gleitbewegung
auf dem Beckenboden erfolgt. Bei der Durchführung dieser Lektion
lassen Sie das Kind erst los, wenn Sie und das Kind sicher sind, die
beste Richtung gefunden zu haben. Die Möglichkeiten der Korrektur liegen in Ihrer Hilfestellung beim gleichzeitgen Nacken- und Bauchgriff.

37

Zusammenfassung:

a: Das Kind steht auf der Treppenstufe, Sie daneben.

b: Eine Hand liegt auf seinem Nacken (Hinterkopf), die andere Hand auf seinem Bauch.

c: Drücken und schieben Sie es nun, zuerst langsam, in den Tauchvorgang, der sich unmittelbar kurz über der Beckenoberfläche abspielen soll.

Es ist besonders wichtig, bei dieser Übung schrittweise und sehr konzentriert vorzugehen. Verzweifeln Sie nicht, wenn es selbst nach mehreren Unterrichtsstunden nicht klappt. Wenn Sie das Vertrauen zu dem Kind nicht aufgeben, wird es seinerseits alles versuchen, Ihren Wünschen gerecht zu werden.

Lektion 22

Nun beginnt das korrekte Eintauchen mit kräftigem Absprung von der Stufe in gestreckter Haltung und nach vorne gerichteten Armen und einem einzigen Armzug unter Wasser. Das Kind steht auf einer Stufe, die Sie als günstigste erwählt haben. Sie stehen in einer Entfernung von etwa 1,5 m von den Treppenstufen entfernt im Wasser, mit Blick-

richtung zum Kind. Es nimmt seine Arme gestreckt nach oben, sein Kopf liegt dazwischen, beugt sich so weit wie nur möglich vor (seine Arme bleiben gestreckt, es blickt dabei nicht zum Eintauchpunkt) und schiebt sich von den Stufen kräftig ab, so daß es in die anschließende Gleitphase unter Wasser kommt. Nach Ausklang dieser Bewegung vollführt es einen gestreckten Armzug, ohne Beinbewegung. Hat es die Arme wieder nach vorne zusammengebracht, taucht es zu Ihnen hin auf.

Nun kommt es in den ersten Versuchen oft vor, daß das Kind nicht waagrecht unter Wasser bleibt, sondern mit seinen Armen eine Aufwärtsbewegung zurück zur Wasseroberfläche vollführt. Sie können dem entgegenwirken, wenn Sie sich gegebenenfalls während der ersten Versuche seitlich vom Kind halten. Hat es die Eintauchbewegung vollzogen, halten Sie es durch Handdruck auf seinem Nacken eine kurze Strecke unter Wasser.

Besondere Beachtung verdient hierbei der Hinweis, daß

a: es unmittelbar nach dem· Abbeugen seinen Kopf so tief wie möglich neigen soll,

b: es beim Tauchen seine Hände *auf* dem Beckenboden entlangführen soll (Armbewegung).

Auch diese Lektion ist so oft zu üben, bis ein alleiniger Armzug (ohne Beingrätsche) unter Wasser vom Kind selbständig durchführbar ist. Nun gehen Sie dazu über, mehrmalige, kräftige, gestreckte Armzüge von Ihrem Kind zu verlangen. Der Ablauf dieser Übung ist ähnlich wie in Lektion 21. Sollten Sie auch hier bemerken, daß Ihr Kind nicht die parallele Schwimmlage zum Beckenboden behält, bzw. noch nicht einhalten kann, ermuntern Sie es, vor Beginn des Eintauchens kräftig auszuatmen (je weniger Atemluft es mit sich führt, umso schwächer wird sein Auftrieb).

Alle diese Übungen gelten für einen längeren Zeitraum. Jede einzelne Übung sollte nicht mehr als fünfmal in einer Übungsstunde durchgeführt werden. Überfordern Sie niemals Ihr Kind, es wird Ihnen dankbar sein und Ihr Verständnis mit weiteren Bemühungen belohnen.

Lektion 23

Üben Sie die vorangegangene Lektion, nun aber mit gleichzeitiger Beinbewegung unter Wasser (getaucht). Die Ausgangslage sowie die Durchführung gleichen der Lektion 22. Erklären Sie Ihrem Kind deshalb vor Beginn sehr eingehend, worauf es Ihnen hier ankommt. Sobald Sie sehen, daß vom Kind eine korrekte, getauchte Schwimm-

bewegung (gleichzeitige Arm- und Beinbewegung) durchgeführt wird, dehnen Sie die Schwimmstrecke allmählich weiter aus. Jedoch überfordern Sie Ihr Kind auch hier nicht, so daß es nicht sein Selbstvertrauen verliert.

Lektion 24
Gehen Sie nun zusammen mit Ihrem Kind in die Nähe der Einstiegleiter im tiefen Wasser des Lehrschwimmbeckens. Stellen Sie sich etwa 1,50 m davon entfernt auf. Halten Sie das Kind von hinten, mit beiden Händen seinen Oberkörper umfassend. Drücken Sie es so tief wie möglich in das Wasser hinunter und schieben Sie es gestreckt zur Leiter hin, an der es sich festhalten kann. Bei Wiederholung ermuntern Sie es zu gleichzeitigen Schwimmbewegungen seiner Arme und Beine unter Wasser, bis es gleichfalls (getaucht) die untere Leitersprosse erreicht hat. Zu beachten sind:
a: Luft unter Wasser möglichst ausatmen
b: Das Gesicht während des Tauchens zum Beckenboden neigen, so daß im Anfangsstadium das Ziel vom Kind nicht gesehen werden kann.

41

c: Die Arme gestreckt schräg nach unten halten.

d: Sollte trotz allem keine waagrechte Schwimmlage (getaucht) erreicht werden, drücken Sie das Kind durch Handdruck auf den Nacken in die gewünschte Tiefe, bis es so die untere Sprosse erreicht.

Achten Sie auch hier besonders darauf, daß Ihr Kind nicht ängstlich wird. Fragen Sie es deshalb jeweils nach seinem Befinden. Allmählich ist es jedoch auch hier möglich, wenn Sie die Tauchstrecke von Mal zu Mal ausdehnen, zu einem allseits befriedigenden Ergebnis zu kommen.

Lektion 25

Gehen Sie zusammen mit Ihrem Kind zum Beckenrand an die tiefste Stelle des Lehrschwimmbeckens. Halten Sie es dabei unter seinen Achseln und gehen Sie dicht an den Rand heran, so daß sein Rücken an der Wand anliegt. Sagen Sie ihm nun, daß es sich ganz ausstrecken und eintauchen soll. Sobald es seine größte Tiefe erreicht hat, soll es sich von der Wand mit den Füßen derart abstoßen, daß es in eine waagrechte Gleitphase mit anschließenden Schwimmbewegungen der Arme und Beine kommt. Während Sie nun das Kind aus dem Wasser heraushalten, hat es Gelegenheit, sich vollkommen auszustrecken. Nun lassen Sie es los, bzw. schieben es von oben in eine angemessene Tiefe.

Sofern das Abstoßen von der Wand vom Kind gut gelernt wurde, wird es versuchen, in eine waagrechte Gleitphase zu kommen. Das Schwimmen unter Wasser (Arme und Beine) schließt sich an. Merken Sie, daß ihm das Abstoßen unter Wasser vorerst nicht gelingen will, bremsen Sie mit Ihrer Hand seinen Aufwärtstrieb so lange ab, bis es von alleine eine parallele Haltung einnimmt.

Die Schwierigkeit hierbei ist das Umsetzen von der senkrechten Eintauchrichtung in eine parallel zum Beckenboden verlaufende Gleit- und Schwimmlage. Ihr Kind wird dies jedoch sehr schnell begreifen, wenn es merkt, daß es senkrecht nicht mehr an den Ausgangspunkt zurück kann und nur noch das waagrechte Gleiten übrigbleibt.

Beherrscht Ihr Kind diese Übung sicher, veranlassen Sie es, die gleiche Lektion durchzuführen, wenn es vom Beckenrand gestreckt ins Wasser springt.

Bei den ersten Versuchen halten Sie sich dicht am Beckenrand auf, um gegebenenfalls seinen Aufwärtstrieb abzubremsen. Wenn dies dem Kind jedoch keine Schwierigkeiten mehr bereitet, gehen Sie ein paar

Schritte zurück, so daß es nun Gelegenheit und zudem Ansporn hat, Sie getaucht zu erreichen. Nach Bedarf und Können dehnen Sie allmählich diese Tauchstrecken aus, so daß es gut 3—5 m zu Ihnen hin tauchen kann.

Anmerkung:
Alle diese Übungen sollten von Ihnen „spielend" dem Kinde nahegebracht werden. Es darf nie den Eindruck gewinnen, daß Schwimmen mit Arbeit verbunden ist. Unterbrechen Sie deshalb nach Möglichkeit oft eine gerade geübte Lektion und gehen Sie zu einer ganz anderen Beschäftigung mit dem Kinde über (Wettrennen, Ballspiele, Gegenstände vom Boden heraufholen, vom Becken hineinspringen, schwimmen lassen, vom Beckenrand mit Schwung in das tiefe Wasser etc.). Danach wird es umso lieber seine Lektionen durchnehmen; Sie erleichtern sich den Unterricht und das Kind wird Ihnen weiterhin „die Stange" halten.

6. Kapitel: Übungen zum Springen und Tauchen

Dieses Kapitel behandelt den Grundbegriff des einfachen Kopfsprungs (vom Sitzen) und das Gleiten mit anschließendem Tauchen.

Lektion 26
Setzen Sie Ihr Kind auf den Beckenrand an der tiefsten Stelle des Lehrschwimmbeckens, während Sie vor ihm im Wasser stehen. Es sitzt breitbeinig (Knie auseinander) nahezu am äußersten Rand der Beckenkante, so daß sein „Abrollen" wesentlich erleichtert wird. Fordern Sie das Kind auf, seine beiden Arme senkrecht nach oben zu strecken, so daß sein Kopf dazwischen zu liegen kommt, und, immer noch im Sitzen, sich so tief wie möglich zu Ihnen hinabzubeugen. Seine beiden Arme zeigen nun auf einen Punkt im Wasser, der etwa einen halben Meter vom Rand entfernt ist. Sein Kopf ist so nach unten geneigt, daß es nicht den Eintauchpunkt sehen kann. Ergreifen Sie nun mit Ihren beiden Händen seine Schultern, wobei je 4 Finger hinter seinen beiden Achseln, Ihre Daumen auf seinem Hinterkopf liegen (dadurch

verhindern Sie, daß das Kind noch im letzten Augenblick seinen Kopf wieder aufrichtet).
Ziehen Sie es seitlich zu sich in das Wasser, so daß es mit seinen Armen voran eine möglichst große Eintauchtiefe erreicht.

Lektion 27

Diese Lektion hat die gleiche Durchführung wie Lektion 26. Jedoch stehen Sie hier nicht vom Beckenrand entfernt, sondern dicht daran. Während Ihr Kind gleichfalls seine Arme nach oben reckt, ergreifen Sie mit einer Hand seinen Hinterkopf und Ihre andere Hand legen Sie auf seinen Bauch. Mit dieser Hilfestellung beugen Sie es abermals so tief wie möglich ab. Jetzt halten Sie es einen Augenblick in dieser Lage, damit es ruhig wird und sich ganz auf das Eintauchen konzentrieren kann. Lassen Sie es langsam (mit den Armen voran) in das Wasser gleiten. Nun soll der Eintauchwinkel nahezu senkrecht nach unten führen, kurz vor Erreichen des tiefsten Punktes jedoch in eine anschließende waagrechte Tauchlage überführen. Diese anzustrebende Tauchlage kommt erst dann zustande, wenn Ihr Kind das nahezu senkrechte Eintauchen gut beherrscht.
Versuchen Sie, diese Lektion vom Kind alleine durchführen zu lassen.

Lektion 28

Nun beginnt das selbständige Eintauchen mit anschließenden Armbewegungen (zuerst ohne Beingrätsche). Stellen Sie sich in einer Entfernung von etwa 2 m vom Beckenrand auf und fordern Sie Ihr Kind auf, nach dem Eintauchen ausschließlich mit seinen Armen zu Ihnen hin zu tauchen. So hat es einen Anhaltspunkt an Ihnen und kann die Tauchentfernung entsprechend abschätzen.
Loben Sie Ihr Kind ausgiebig, wenn es diese Übung gut beherrscht. Es hat dann nahezu das Maximum der Tauchtechnik erreicht, denn alle schwierigen Lektionen sind hier vereinigt. So kann es nun mit Recht stolz sein auf das sehr beachtliche Maß seiner Tauchfertigkeiten. Gehen Sie allmählich dazu über, das Kind zum Schwimmen unter Wasser, sowohl mit Armen als auch mit Beinen, zu ermuntern. Die Ausgangslage ist die gleiche wie in den vorhergehenden Lektionen (auf dem Beckenrand sitzen und abrollen lassen).
Achten Sie hier insbesondere auf eine gleichbleibende Tiefe der Tauchstrecke. Sofern Ihr Kind Sie weiterhin als „Markierungspunkt" ansehen darf, wird es immer größere Mühe darauf verwenden, Sie unter Wasser schwimmend zu erreichen.

Diese Maßnahme erlaubt es Ihnen, die Tauchstrecke bei Bedarf und fortschreitendem Können Ihres Kindes jeweils etwas weiter auszudehnen.

VI. Beispiele zur Unterrichtsgestaltung

 1. Unterrichtsstunde: Lektion 1, 2, 3, 4, 5,
 2. Unterrichtsstunde: Lektion 2, 6, 4, 1,
 3. Unterrichtsstunde: Lektion 3, 4, 1, 6, 2,
 4. Unterrichtsstunde: Lektion 4, 1, 7, 3,
 5. Unterrichtsstunde: Lektion 5, 6, 7, 1, 4,
 6. Unterrichtsstunde: Lektion 6, 7, 4, 1, 5,
 7. Unterrichtsstunde: Lektion 7, 6, 4, 5, 3,
 8. Unterrichtsstunde: Lektion 8, 7, 4, 1,
 9. Unterrichtsstunde: Lektion 9, 7, 6, 1, 4,
10. Unterrichtsstunde: Lektion 10, 9, 7, 6, 4, 1,
11. Unterrichtsstunde: Lektion 11, 9, 7, 5, 4,
12. Unterrichtsstunde: Lektion 12, 11, 10, 7, 4,
13. Unterrichtsstunde: Lektion 13, 11, 10, 9, 8, 7,
14. Unterrichtsstunde: Lektion 14, 13, 12, 7, 4, 1,
15. Unterrichtsstunde: Lektion 15, 14, 13, 11, 7, 1,
16. Unterrichtsstunde: Lektion 16, 15, 14, 13, 11, 7,
17. Unterrichtsstunde: Lektion 17, 16, 15, 7, 4, 1,
18. Unterrichtsstunde: Lektion 18, 17, 16, 14, 4,
19. Unterrichtsstunde: Lektion 19, 18, 17, 16, 14, 1,
20. Unterrichtsstunde: Lektion 20, 19, 18, 15, 14, 13,
21. Unterrichtsstunde: Lektion 21, 20, 19, 18, 7, 4, 1,
22. Unterrichtsstunde: Lektion 22, 21, 20, 18, 15, 14,
23. Unterrichtsstunde: Lektion 23, 22, 21, 11, 7, 4, 1,
24. Unterrichtsstunde: Lektion 24, 23, 22, 18, 15, 14,
25. Unterrichtsstunde: Lektion 25, 24, 23, 22, 15, 13,
26. Unterrichtsstunde: Lektion 26, 25, 24, 23, 22, 18,
27. Unterrichtsstunde: Lektion 27, 26, 25, 23, 22, 18,
28. Unterrichtsstunde: Lektion 28, 27, 25, 23, 22, 7, 1,

VII. Unterrichtsablauf

Name und Anschrift:

Geburtstag:

Lektion 1

Angefangen am:

(an dieser Stelle können Sie Fortschritte, Reaktionsschwächen oder sonstige Schwierigkeiten des Kindes eintragen).

Zahl der Unterrichtsstunden: 1, 2, 3, 4, 5, 6, 7, 8, 9, 10, 11, 12

Beendet am:

Lektion 2

Angefangen am:

Zahl der Unterrichtsstunden: 1, 2, 3, 4, 5, 6, 7, 8, 9, 10, 11, 12

Beendet am:

Lektion 3

Angefangen am:

Zahl der Unterrichtsstunden: 1, 2, 3, 4, 5, 6, 7, 8, 9, 10, 11, 12

Beendet am:

Lektion 4

Angefangen am:

Zahl der Unterrichtsstunden: 1, 2, 3, 4, 5, 6, 7, 8, 9, 10, 11, 12

Beendet am:

Lektion 5

Angefangen am:

Zahl der Unterrichtsstunden: 1, 2, 3, 4, 5, 6, 7, 8, 9, 10, 11, 12

Beendet am:

Lektion 6

Angefangen am:

Zahl der Unterrichtsstunden: 1, 2, 3, 4, 5, 6, 7, 8, 9, 10, 11, 12

Beendet am:

Lektion 7

Angefangen am:

Zahl der Unterrichtsstunden: 1, 2, 3, 4, 5, 6, 7, 8, 9, 10, 11, 12

Beendet am:

Lektion 8

Angefangen am:

Zahl der Unterrichtsstunden: 1, 2, 3, 4, 5, 6, 7, 8, 9, 10, 11, 12

Beendet am:

Lektion 9

Angefangen am:

Zahl der Unterrichtsstunden: 1, 2, 3, 4, 5, 6, 7, 8, 9, 10, 11, 12

Beendet am:

Lektion 10

Angefangen am:

Zahl der Unterrichtsstunden: 1, 2, 3, 4, 5, 6, 7, 8, 9, 10, 11, 12

Beendet am:

Lektion 11

Angefangen am:

Zahl der Unterrichtsstunden: 1, 2, 3, 4, 5, 6, 7, 8, 9, 10, 11, 12

Beendet am:

Lektion 12

Angefangen am:

Zahl der Unterrichtsstunden: 1, 2, 3, 4, 5, 6, 7, 8, 9, 10, 11, 12

Beendet am:

Lektion 13

Angefangen am:

Zahl der Unterrichtsstunden: 1, 2, 3, 4, 5, 6, 7, 8, 9, 10, 11, 12

Beendet am:

Lektion 14

Angefangen am:

Zahl der Unterrichtsstunden: 1, 2, 3, 4, 5, 6, 7, 8, 9, 10, 11, 12

Beendet am:

Lektion 15

Angefangen am:

Zahl der Unterrichtsstunden: 1, 2, 3, 4, 5, 6, 7, 8, 9, 10, 11, 12

Beendet am:

Lektion 16

Angefangen am:

Zahl der Unterrichtsstunden: 1, 2, 3, 4, 5, 6, 7, 8, 9, 10, 11, 12

Beendet am:

Lektion 17

Angefangen am:

Zahl der Unterrichtsstunden: 1, 2, 3, 4, 5, 6, 7, 8, 9, 10, 11, 12

Beendet am:

Lektion 18

Angefangen am:

Zahl der Unterrichtsstunden: 1, 2, 3, 4, 5, 6, 7, 8, 9, 10, 11, 12

Beendet am:

Lektion 19

Angefangen am:

Zahl der Unterrichtsstunden: 1, 2, 3, 4, 5, 6, 7, 8, 9, 10, 11, 12
Beendet am:

Lektion 20

Angefangen am:

Zahl der Unterrichtsstunden: 1, 2, 3, 4, 5, 6, 7, 8, 9, 10, 11, 12
Beendet am:

Lektion 21

Angefangen am:

Zahl der Unterrichtsstunden: 1, 2, 3, 4, 5, 6, 7, 8, 9, 10, 11, 12
Beendet am:

Lektion 22

Angefangen am:

Zahl der Unterrichtsstunden: 1, 2, 3, 4, 5, 6, 7, 8, 9, 10, 11, 12
Beendet am:

Lektion 23

Angefangen am:

Zahl der Unterrichtsstunden: 1, 2, 3, 4, 5, 6, 7, 8, 9, 10, 11, 12
Beendet am:

Lektion 24

Angefangen am:

Zahl der Unterrichtsstunden: 1, 2, 3, 4, 5, 6, 7, 8, 9, 10, 11, 12

Beendet am:

Lektion 25

Angefangen am:

Zahl der Unterrichtsstunden: 1, 2, 3, 4, 5, 6, 7, 8, 9, 10, 11, 12

Beendet am:

Lektion 26

Angefangen am:

Zahl der Unterrichtsstunden: 1, 2, 3, 4, 5, 6, 7, 8, 9, 10, 11, 12

Beendet am:

Lektion 27

Angefangen am:

Zahl der Unterrichtsstunden: 1, 2, 3, 4, 5, 6, 7, 8, 9, 10, 11, 12

Beendet am:

Lektion 28

Angefangen am:

Zahl der Unterrichtsstunden: 1, 2, 3, 4, 5, 6, 7, 8, 9, 10, 11, 12

Beendet am:

Kinderschwimmschule

Von Nils Waegner

Wäre es nicht sehr beruhigend für Sie, zu wissen, daß schon Ihr Kleinkind richtig schwimmen kann? Ferien am Wasser wären plötzlich viel unproblematischer und erholsamer für die ganze Familie. Mit Hilfe dieses Buches können Sie bereits dreijährigen Kindern das Schwimmen beibringen.

Das kann ich auch

Vorschulkinder basteln Spielzeug
Von Dorothy Gilbert

Dies ist ein Bastelbuch für die Allerkleinsten! So einfach wie die Arbeitsanleitungen ist auch das Material, aus dem lustige Dinge entstehen; man braucht nur Eierkartons, Joghurtbecher, Papprollen, Papier, Schnur — und zum Schluß Wasserfarben, Buntstifte und buntes Klebeband. Mütter, Kindergärtnerinnen und alle, die sich mit Kindern beschäftigen, werden hier viel Anregung finden, den schöpferischen Gestaltungseifer der Kleinen zu nutzen.

Schmusepuppen, Schlaftiere, Maskottchen

Ein Bastelbuch für kinderliebe Leute
Von Gillian Lockwood

Hatten Sie als Kind vielleicht auch eine besonders heißgeliebte Stoffpuppe aus Mutters Flickenkiste? Dann wissen Sie, warum Kinder meist viel mehr an solchen selbstgemachten Spielgefährten hängen, als an teuren Puppenschönheiten mit Engellocken und Mamastimme. Die in diesem Buch vorgestellten Puppen, Tiere und Maskottchen lassen sich mit wenig Aufwand nacharbeiten und sind ohne Ausnahme zum Liebhaben weich und kuschelig.
Außerdem gibt der Band manche Anregung für eigene Entwürfe oder Abwandlungen. Und nebenbei gesagt: Nicht nur kleine Leute lieben Schmusespielzeug!

In Ihrer Buchhandlung erhältlich!

Franckh'sche Verlagshandlung, 7 Stuttgart 1, Postfach 640